Forward...

概念惑星とは、この宇宙にある星の1つ。
ここには数々の概念たちが、穏やかに暮らしています。
でも、この概念たちは見る人によって
姿、形、性格が異なっているのです……。

人によって物事の捉え方、考え方によって同じものでも、
違う感じ方になったりしませんか？
それが概念の見え方の違いなのです。

本書では、江口拓也さん自身の経験と考え方を元に
描かれた概念をご紹介します。

物事には様々な側面があります。
視点を変えてみたり、ほかの人の立場で物事を考えてみると、
自分の基準が変わってくるかもしれません。

本書が「死ぬまで楽しく生きるため」のヒントになれば幸いです。

－概念惑星管理組合－

ILLUSTRATION

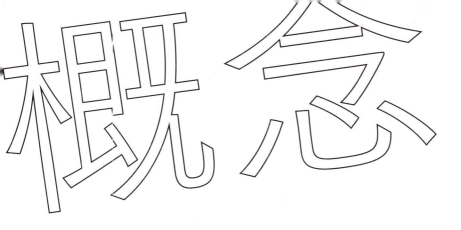

江口拓也さんの概念惑星に暮らす概念たちを一挙にご紹介。これまで明かされていなかった概念のデザインイメージや漫画の解説を新たに追加しました。あなたのお気に入りの概念を見つけてみてください。

ILLUSTRATION

001

KEY WORD

相手のことを考える。

概念No.1

「愛」

好きなもの.....ジャンクフード
嫌いなもの.....鳥
性格.....供給過多

— 001 —
CHARACTER

愛をイメージした時に、
一番最初に浮かんだのがハートだったので、
ハートにしました。

001
COMIC

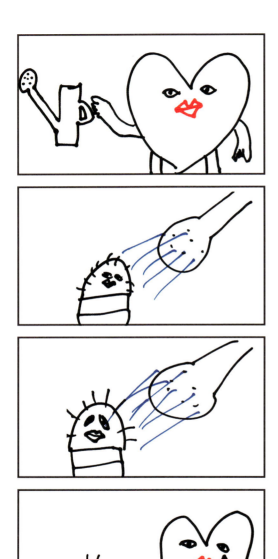

過剰にあたえてしまうことによって毒にも薬にもなるよということを描きたいと思いました。人にはそれぞれ食べられる量が決まっている。それを、無理矢理食べさせられるのは体に悪いことなので、人によって適量があるということを描いています。

001

STORY

小さい頃、サボテンを買いました。

そのサボテンが可愛くて可愛くて、
毎日たくさんの水をあげました。

そしたらすぐ枯れてしまいました。
悲しかったです。

植物は、水をあげ過ぎてはいけないのだと学びました。
相手の求める量がある。

相手のことを考えてあげるのが、
愛なのだと思います。

002
KEY WORD

夢は叶わないもの。

概念 No.2

「夢」

好きなもの…映画鑑賞
嫌いなもの…睡眠
性格…唯我独尊

002
CHARACTER

空に浮かんでいる雲をイメージしています。
夢を追いかけている人は睡眠を削っているだろう
ということで、嫌いなものは睡眠。
性格はわが道を行くという意味合いで唯我独尊にしました。

002
COMIC

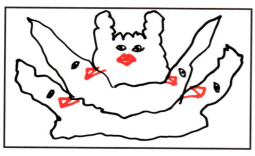

夢が破れても違う夢が出てくる、新しい自分が出てくるというところを描いています。最後のコマの抜け殻の表情はお気に入りです。

STORY

夢は叶わないものです。
夢を見ているうちは叶わないんだと思います。

現実として捉えて、初めて実体を掴めるというか。
現実として向き合った時に、
自分に合ってるかどうかが初めてわかる。

合ってなかった場合。
それを仮に「破れる」と呼びましょう。
きっと、破れた先には、新たな「何か」があるはずです。

何かと対面できるのは、立ち向かった者のみです。
夢なんか存在しません。
あるのはいつだって、現実です。

003
KEY WORD

自分の好きなことを明確に。

概念 No.3

好きなもの ‥‥ コーンスープ
嫌いなもの ‥‥ こんにゃく
性格 ‥‥ 基本ポジティブ
　　　　だけど、ガラスハート

003
CHARACTER

生命エネルギーを感じるデザインにしたいと思い、
力強い筋肉をつけました。
命は壊れやすいもの、儚いものなので
ガラスハートな一面もあります。

003
COMIC

命というものは、生きること。「おいしい、うれしい、楽しい」を感じることが生きることだと思うので、そのうれしさを存分に発揮しています。

STORY

生きてるって、なんだと思いますか？
僕は、「楽しむこと」だと思います。
衣・食・住を楽しむ。

もちろん、それのためには日々の努力が必要です。
何かを手に入れるためには、
何かを失わなければならない。
僕の大好きな言葉です。

自分の好きなことを明確にすれば、
人生それだけでハッピーだと思います。
辛いことがあったら、
好きなことに逃げればいい。
投げ出してもいい。

死ぬよりゃ、マシじゃない？

004

KEY WORD

生きる理由。

根既死念 No.4

「お金」

好きなもの…. お金
嫌いなもの…. お金
性格 …. 貯金が好き

004
CHARACTER

昔の時代のお金をイメージしています。
好きなものも、嫌いなものもお金なのは
「自己嫌悪」です。

004
COMIC

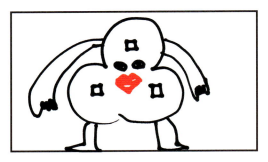

お金の概念が持っているのもお金なのですが、それぞれの等価交換として同等の価値をもらっています。お金を対価で支払って、その相手の見合う価値があるものをもらう。最後のコマに登場するのは「殺し屋」なのですが、お金を払うことによっていったいどうなるのか……。お金の価値と命の価値を説いています。彼にお金を渡そうとしている時の目は悪に手を染めようとしている時の表情です。心の中で悪と葛藤しています。お金は人間が生きるために作りあげたシステムですが、お金で解決できることがあまりにも世の中に多いなと思います。

STORY

お金はなんの為に必要ですか？

生きるためですよね。ご飯を食べる。家賃を払う。
移動費だったり、病院だったり、税金だったり。
お金は大切です。生きるために。

じゃあ、なんの為に、生きていますか？

この自らの問いかけに、
高校生の頃の僕は答えられませんでした。
そんなものはなかった。
生きる理由は自分で作らないといけないのだと思いました。

お金を得る為に生きるんじゃなくて、
生きる為にお金を得るんだって。
お金に囚われていては、本当の理由を見失いがちになります。
少なくとも僕はそう思います。

お金はなんの為に、必要ですか？

005

KEY WORD

●

自分の為に。

根兜念 No.5

「時間」

好きなもの …. 昼寝
嫌いなもの …. 追われること
性格 …. 静か

005
CHARACTER

(時間ということで時計です。)

005
COMIC

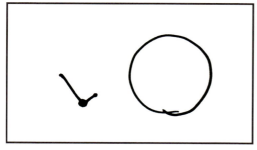

どんどん時計の針が進むことによって形が変わっていっています。時間の経過とともに人間も刻一刻と姿形も考え方も変わっていきます。最後、時間が止まっているのは「死」です。時間とは有限であると僕は思っているので、その限りある時間をどう使い、変化していくのかということを表現しています。時間が経てば嫌でも変わっていくものですが、変わってしまうことに対して自分がどう思って、向き合って考えていくか。それは、それぞれの心の中にしかないものであると思います。

STORY

時間が経つのってあっという間だなあって思います。

でも、誰もが平等に、この理不尽なくらいに
あっという間に過ぎてゆく時間の中を生きてるのだと思うと、
なんだかいろんなことがちっぽけに思えてきて、
自分の時間を大切にしようと考えるようになりました。

人は人、自分は自分。
それぞれにあたえられた時間をどう過ごすのかは、自分でしか選べません。

でももし、その選択を他人に委ねてしまったら。

僕は、選択を他人に委ねることを極端に嫌う性格です。
常に自分の選択でないと気がすみません。
他人じゃなくて、自分。

それがたとえ悪い結果になったとしても、
自分のせいにしておけば、他人を傷つけることも
一生根に持つことも敵を作ることもありません。

自分の人生は、自分で作るんです。

いつかはなくなる時間なら、自分の為に使いましょう。

006
KEY WORD

幸せを考える。

概念 No.6

「幸福」

好きなもの‥‥緑茶
嫌いなもの‥‥なし
性格‥‥明るい

— 006 —

CHARACTER

幸福なキャラクターなので、嫌いなものはありません。
たくさんの人を同時に幸福にしたいということで、
切れる手をいっぱい持っています。

嫌な物事、人など人間それぞれあると思うのですが、できるだけなくした方が、人生は幸福なものなんじゃないかなと。そういった意味で、仕事も人間関係も選択してきました。好きか、興味ないかのどっちかにした方がいいんじゃないかなと思います。世の中というのは、うまい具合にできていて、幸せの人の裏には必ず不幸な人が存在している。人間は幸せになるため、生活のために自然を破壊する。誰かが幸せになったら、自然は不幸せになってしまう。食べ物も命をいただいて人間は幸せだけど、生物にとってはどうなのだろう？　幸せだと感じる瞬間には、何かからもらっているという考え方が大切なんじゃないかなというところを漫画にしました。「不幸せ」と「幸せ」に分かれた後のそれぞれ表情にも注目です。

STORY

どんな時に幸せと感じますか？

家族と過ごしている時。
1人で過ごしている時。
恋人と過ごしている時。

なんでもいいんです。比べるものじゃない。
他人が感じている幸せが、自分の幸せとは限らない。

「○○した方がいいよ。絶対幸せだから」
と言われても、自分はそう思わなければ、そうじゃないんです。
答えなんてないんです。

「隣の芝生は青く見える」といわれています。
じゃあ自分の芝生は？
青く見えますか？
見えなかったら、どうしたら青くなると思いますか？

肥料まいたり、水をやったり、手入れしたり。
何日も何ヶ月も何年も何十年も、嵐の日も休まず手塩にかけて育てたら、
いつの間にか自分好みの青い芝生ができあがっているはずです。

その芝生を見ている人間が「いいなあ」と言ったとしましょう。
さて、あなたはどう思いますか？

隣の芝生（幸福）は、青く見えますか？

KEY WORD

諦めではない。

根概念 NO.7

「妥協」

好きなもの…米
嫌いなもの…なし
性格…頑固

007
CHARACTER

(サムズアップをイメージしています。)

COMIC

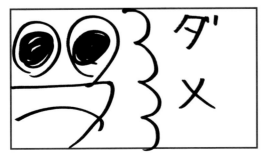

妥協するということは大切なのですが、最後のコマのセリフのようにダメなことには「ダメ」と言えないとただの諦めになってしまう。妥協するためには、自分の中での線引きというか、イエスラインをどこにおくかが大切だからその意味での「ダメ」です。ダメがあるからイエスがある。妥協できるということは、頑固になにかを考えていないとできない。諦めは、なにも考えていないことだけど、妥協というのはメリット、デメリットを考えてメリットの方が多いから妥協案として選択できる。それは、自分の中に頑固なぐらいの価値観がないと賢い選択はできないと思います。

STORY

妥協は大切です。
お互いの意見の擦り合わせが妥協です。
何かの意見を聞いてあげるかわりに、
自分の意見も通してもらう。
これが社会のルールです。

妥協のない物事、というのは存在するのでしょうか？

例えば、自分は妥協を許さない。
絶対に妥協しない！　と思って生活するとしましょう。
たしかに自分にとっては妥協のない人生です。
でもその分、妥協してもらっているんです。
誰かに必ず。

妥協してくれている人は誰なのかを明確に理解し、
その人たちへの感謝を忘れなければ、
人生はよりハッピーになると思っています。

妥協は心の余裕です。
楽しく生きていきましょう。

008
KEY WORD

・

決めるのはあなた。

概念.No.8

「悪」

好きなもの....わたあめ
嫌いなもの....善
性格....、破滅的

008
CHARACTER

悪に思われてしまうという意味で、ゴキブリがモチーフです。
嫌悪の対象で問答無用に殺されてしまう存在ですが、
場所が変わればペットになることもある。
悪いと決めつけられる存在として、ぴったりなんじゃないかなと思います。

008
COMIC

悪が、右と左でどっちが正しいかをジャッジしているところです。どっちが善で、どっちが悪かをジャッジするのですが、概念なので悪意とか、悪いエネルギーという意味での判断をするので、結局数が多くなり旗をあげた方が正義です。同じ人間でも数が増えたほうが正義になって結果、少ない方が悪として裁かれる。1コマ目の2人と、最後のコマの裁かれている2人は同じキャラなのですが、最初は善と言われていましたが、結果数が増えたら悪になってしまう。世の中は多数決で数が多ければ多いほど、情報が多ければ多いほど、賛同意見があればあるほどそっちの意見になりそっちが正しくなるというところを描いています。

STORY

なぜ悪が生まれるのか。
それは、善があるからです。
善は何をもって決められるのか。
多数決です。

人間が話し合い、ルールを作り決められてきました。
その大半は納得のいくものでしょう。
でもたまに、それって悪なの？　と思うこともあります。
学校、会社、インターネット。
集団心理が働く場所は沢山あります。

流されず、自分の目で見たものを信じましょう。

決めるのは、あなたの心です。

あなたが見ている悪は、本当に悪ですか？

KEY WORD

009

頭で考える。

概念 NO.9

「仕事」

好きなもの ‥‥動くこと
嫌いなもの‥‥落ちメこと
性格 ‥‥質実剛健

009
CHARACTER

(脳みそが出ている、
やばいフォルムになっています。)

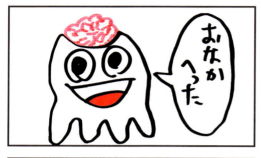

仕事というのは人それぞれ考え方があると思うのですが、僕は頭で考えることだと思います。職業の選択としてお金を得るための仕事、やりがいを感じるための仕事、家を継いで嫌々やらなければならない仕事、いろんな仕事があります。あらゆる仕事でエネルギーを使う、使わないは大小それぞれあると思うのですが、自分の頭で考えたことを原動力にする。脳は思考の概念で、常日頃から考えなくてはいけない。なので、思考を食べる・摂取しているところを表現しています。脳は食べるとなくってなっていますが、また考えるとその情報量として増えます。枯渇しても、お腹が減っても食事はなくなるし、考えることをやめると仕事は破綻してしまう。労働力（能力）を払って対価を得るのが仕事だと思います。

STORY

なんのために仕事をしますか？

お金の為。
やり甲斐の為。
人の為。

人によって理由は様々だし、人の数だけ考え方はあると思います。

生きる為にはお金が必要で、お金を得る為には仕事が必要。
生きて行くうえで、仕事は欠かせません。

人生の大半は仕事と共にあるといっても過言ではありません。

ならば、少しでも人生を楽しく生きるために、
楽しい仕事を選びたいと、高校生の頃の僕は考えました。

今はたまたま、最初にやりたいと思った声優を仕事にできていますが、
こればっかりは挑戦してみないと自分に合っているかどうかわかりませんでした。

理想と現実。

楽しいと思うこともあれば、それと同じくらい辛いことや苦しいこともある。
それらを天秤にかけて、それでも続けるかどうかをその都度自身に問いかけていく。
そうやって、自分に合っている仕事を見つけるしかないんだなと思いました。

これから仕事を見つける方へ。
何度でも挑戦したっていいんです。
いろいろな職業を体験しましょう。
納得のいくまで。

死ぬまで生きるだけの時間が無限にあるんですから。

—— 010 ——

KEY WORD

●

死ぬまで楽しく生きる。

概念 No.10

「居場所」

好きなもの ‥‥暖房
嫌いなもの‥‥冷たいもの
性格 ‥‥我慢強い

010
CHARACTER

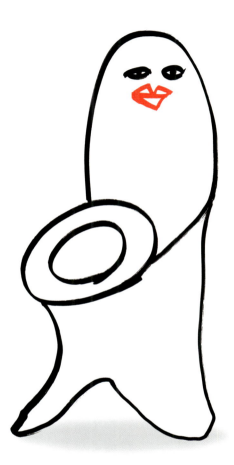

トイレはよく逃げ込む場所に使われるので
トイレにしました。

COMIC

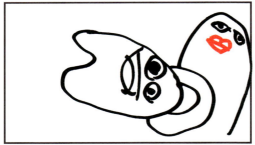

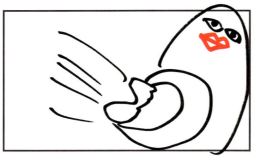

居場所は自分で作るもの。どこが落ち着くかみたいな話になってきますが、トイレでも居場所は居場所だなと思います。トイレに導かれたというか、来るべくして来た。ここを居場所にしていいよというところを表現しています。

STORY

居場所。
居心地のいい場所。
それは、自分で作るものです。

1人が好きな人、他人と過ごすのが良い人、家族と過ごしたい人。
人それぞれだと思います。

僕は学生時代、1人で過ごすのが好きでした。
だから、休み時間なども自分1人で過ごし、
それが苦痛ではありませんでした。

他人からはよく「1人で寂しくないの?」と言われましたが、
それはその人の価値観であって、僕は全然寂しくありませんでした。

他人は他人、自分は自分。

それぞれの過ごし方で生きていきましょう。
強制されることなんか1つもないんです。
自分の人生なのですから。

楽しく過ごすも、辛く過ごすも自分次第。
自分という人間を見つめ直せば、より良い人生が見えてきます。

自分の居場所がないと感じているアナタ。
もしかして、自分のことを分かってないんじゃないですか?
他人のことばかり気にしてませんか?

自分に優しくできるのは自分だけです。
アナタのために、自分のこと、たくさん考えてあげてください。
死ぬまで楽しく生きるために。

KEY WORD

ストレスに向き合う。

概念 NO.11

「ストレス」

好きなもの …… 渋滞
嫌いなもの …… 日光
性格 …… 情緒不安定

011
CHARACTER

ストレスは、人によっていろいろな形があると思います。
人間関係、仕事、食事、環境、音……。
いろいろなものがストレスになりうると思うので、
いろんな形がはいっているフォルムにしました。

011
COMIC

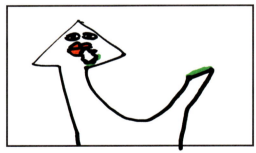

ストレスは攻撃力が強いイメージがあり鋭利な感じで、相手にも自分にもストレスをあたえる。イライラしている人を見ると影響するように、相手にもあたえるし、自分にもあたえる。ストレスは自分で解消する術を見つけないといけないと思います。尻尾のような部分がストレスを一番溜め込んでいる部分で、それを食べることによってストレスがなくなった丸い状態になります。丸い状態がストレスのない良い状態で、ストレスが貯まるとまたチクチクした形が出てきます。結果、自分で解消するしかないので、うまいストレスの解消方を人それぞれ見つけていくことが重要かなと思います。

STORY

ストレス社会と言われている今、
ストレスとどう向き合うかが大切なんだと思います。

ストレスはあって当たり前。

では、どう解消するか？
溜めてはいないか？
そもそもどんな物事にストレスを感じるのか？
考える必要があるんだと思います。

いったんストレスの原因から離れましょう。

逃げたって良いんです。
自分の心からは、
逃げないことになるんですから。

KEY WORD

感謝を伝える。

概念 NO.12

「感 謝」

好きなもの ……米
嫌いなもの ……蚊
性格 ……やさしい

CHARACTER

ハッピーな顔がいっぱいで、幸せな人たちがいっぱいいます。
感謝はポジティブなものなので、ポジティブな顔をそろえてみました。
下に生えているものは、感謝を伝えるための触手です。

COMIC

いろんな人に「感謝」を伝える概念です。人間にも、他の生き物にも触手を脳にぶっ刺すことによって、感謝の気持ちを共有し脳で直接会話をしています。最後のコマは感謝を伝えたことによって感謝と一体化しています。一心同体となり融合し、次は飛ばずに2足歩行で歩いて感謝の気持ちを伝える相手を探しています。みんなが感謝の気持ちを伝えれば、みんな幸せになると思います。

STORY

感謝は大切、とよく言われていますが、
そもそも「なに」に感謝するのかが重要なのだと思います。
感謝するべき物事は世の中にごろごろ転がってる。

文句や愚痴などの不平不満を並べるよりも、
毎日必ず何かしらに感謝をして生きていければ、
より充実した人生になると思うんです。

病は気から、という言葉がありますが、
僕は、半分合っていると思っています。

根性論はあまり好きではありませんが、
口から出た言葉がポジティブなのかネガティヴなのかによって、
精神や行動に影響が出て、
小さな蓄積がのちの大きななにかを生む。

それがプラスなのかマイナスなのか、
すべては自分次第です。

ネガティヴな言葉に惑わされてはいけません。
感謝の気持ちさえあれば、そんなものは跳ね除けられます。

ポジティブに、生きていきましょう。

013

KEY WORD

●

自分を信じる。

概念 No.13

「コミュニケーション」

好きなもの …… 交流
嫌いなもの …… 噂話
性格 …… 温故知新

013
CHARACTER

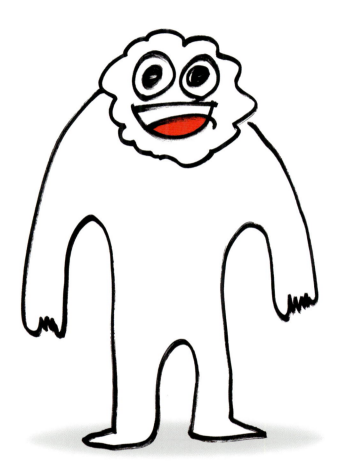

コミュニケーションは柔らかいイメージがあります。
硬かったら一方的になってコミュニケーションにならないので、
その柔軟性をふわふわな顔で表現しています。

COMIC

コミュニケーションは、相手の動きをうかがいながら自分がどう行動するかだと思います。飛んで行ったら舌で捕まえる。食事もコミュニケーションみたいなもの。命を融合させられるので、どっちも身体の中では生きる。お互いコミュニケーションをはかることによって、価値観が血となり肉となります。でも、コミュニケーションをする際は、できるだけノイズは入れない方がいい。例えば、初対面で会話する相手と仲がよくない第三者が「あの人はすごく怖い」と言う。「怖い」という印象を持ったままで接すると、どうしても自分が怖いというフィルターを通したまま相手を見てしまい、うまく相手とコミュニケーションが測れないと思います。コミュニケーションを取るときは、自分の目で見た相手をどうやって解釈していくか、自分が思ったこと、目で見たものというのが一番正しいということで、この概念の嫌いなものは「噂話」です。

STORY

コミュニケーションってめんどくさいですよね。
そういう時期が僕にもありました。

今はだいぶ緩和されましたが、
それでもやはりコミュニケーションをとる難しさを感じることはあります。

コミュニケーションとは人間同士が意思や感情を伝え合い、理解し合うことです。

そもそも合わない人間がいるこの世界で、それでもコミュニケーションを取らないと
いけない状況になることが多く、結局は「忖度」しないといけない。

その結果、相手に満足してもらう。
難しい社会ですね。

理解し合っている「気」になっているだけで、
実は相手のことなんか1ミリも理解していなかった、
なんてことも起こりうるわけです。

そう思ったら、怖くて、誰とも関わりたくないと感じますよね。

でも、ここで僕はある1つの結論に至りました。
相手のことはたぶん1ミリもわからないけど、自分のことならわかる。

つまり、自分が相手のことを「好き」とか「尊敬している」という気持ちはわかるわけです。
その気持ちは、かけがえのないものです。
それさえあれば、あとは野となれ山となれ。

真心のまま、他人と関わりましょう。
合うか合わないかは、その後に考えましょう。

大丈夫、プラスの感情をもらって嫌な気持ちになる人間はいません。

でもここで、忘れてはいけないことを1つ。
「信じる」ことと「自分の思い通りに動いてもらいたい」ことは表裏一体です。

愛の暴走だけは、くれぐれもお気をつけて。
その辺りは是非、愛の概念をご覧ください。
素敵なコミュニケーションライフを。

014
KEY WORD

●

喜ぶ者がいる。

概念 NO.14

「憂鬱」

好きなもの ‥‥ 暗闇
嫌いなもの ‥‥ 朝
性格 ‥‥ ぼんやりさん

014
CHARACTER

頭の部分が丸くて、でもトゲトゲしている。
「良い」という丸い考えがあるからこそ、
嫌な部分が見えてくる。

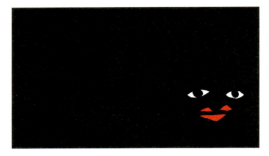

憂鬱に感じる瞬間は、嫌だなとか思うから憂鬱になる。月曜日が憂鬱なのも、土日という休日があって楽しい思いがあったからこそ。楽しい思いから外れてしまうんだということで憂鬱になる。結局どっちの気持ちもないと憂鬱というものは生まれない。憂鬱になりすぎて、いろんなことから目をそむけると、それで邪悪に微笑む誰かがいるよっていうところを最後のコマに描いています。当初は、最後のコマで目を閉じるところを描きたかったのですが、唇だけ残り、笑ったような顔になって情緒的だなと。お前が消えて喜ぶ者がいるから、憂鬱なんかに負けずにがんばれというメッセージを込めています。自分が憂鬱だと感じる時は思考を停止させている時で、何かを考えている時は、憂鬱になることはあまりない。考えることをやめると憂鬱になってしまう。

STORY

憂鬱になる時って、どんな瞬間ですか？
人によって様々かと思います。
憂鬱にはなりたくないですよね。

でも、憂鬱を感じる瞬間って、ある意味チャンスなんです。

要は、「なぜ」憂鬱になるのか、
その原因を知ることができるから。

全ての物事には必ず、そうなる理由があります。

憂鬱になる原因さえわかれば、あとはそれを排除するだけ。
離れればいいだけ。

簡単なようで難しいですが、勇気を持って手放してください。

もしそれができないのであれば、
それは、憂鬱になりながらも憂鬱を求めていることに
なってしまいます。目を瞑ったら負けなんです。

4コマ目をご覧ください。

笑っているのは他人ですか？　自分ですか？

SPECIAL

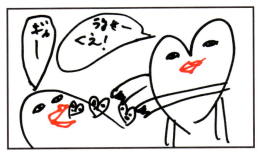

[愛・未掲載4コマ漫画]

最後まで迷いましたが、セリフがあるぶん明確になりすぎてしまい、読む方が考える余地がなくなるかなと思ってサボテンの方にしました。

[夢・未掲載4コマ漫画]

夢ってマラソンに似ている。順位のないマラソン。走り続けることに意味があって、どんなに最初スタートダッシュした人も途中で走ることをやめてしまうとそこまでで、周りと比べるものではない。ほかの人が先に行ってる、行っていないというのも感じ方は人それぞれですが、どんなに人が先に行こうが、自分にフォーカスをあてて他人を見ないでやっていけばいい。夢に遅いも早いもない、やりたいかやりたくないか。満足いくまで走るしかない。

INTERVIEW & SCENARIO

江口拓也さんが監修し、漫画を元に書き下ろされたストーリーでお届けするドラマCD「江口拓也の概念惑星」。その世界観を出演キャストのインタビューとともに紐解きます。さらにドラマのシナリオも完全収録。

INTERVIEW & SCENARIO

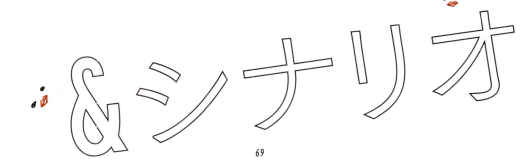

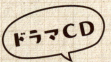

ドラマCD「江口拓也の概念惑星(プラネット)」の世界

DRAMA CD TAKUYA EGUCHI'S GAINEN PLANET WORLD

what's

本作には「江口拓也の概念惑星」の世界をより深く理解し、
楽しんでいただけるよう3つの物語が収録されています。
登場するのは江口拓也さんの頭の中だけに存在している愛・夢・悪という3つの概念たち。
彼らが「概念学校」に通っているというオリジナル設定でストーリーは繰り広げられていきます。
ここでは本作における設定や関係性をご紹介。
また概念たちを温かく見守るナレーションを、江口拓也さんが担当します。

CV.岡本信彦

CHARACTER No.1

好きなもの：ジャンクフード
嫌いなもの：鳥
性格：供給過多

ドジっ子な一面もありつつも3人のムードメーカー的な存在。愛が大きくなりすぎて、相手に過剰に注いでしまうことも。悪の舎弟で、毎日こき使われているが楽しんでいる。夢とは同級生。

CHARACTER No.2

好きなもの：映画鑑賞
嫌いなもの：睡眠
性格：唯我独尊

映画俳優になることを夢見て、寝る暇も惜しみ活動中。自分が特別に優れているという自信に満ち溢れている。愛と悪を若干見下しつつも、なぜか居心地のよさを感じ彼らといつもつるんでいる。

CV. 木村良平

CV. 津田健次郎

CHARACTER No.3

好きなもの：わたあめ
嫌いなもの：善
性格：破滅的

なんでも悪が悪いと判断されてしまい、グレてしまった。自分の目で見たものしか信じないと決めている。口は悪いが、根は優しい一面も。留年して、愛と夢とは同級生。

Cast Interview

ドラマCD「江口拓也の概念惑星（プラネット）」
収録後インタビュー

愛役・岡本信彦さん、夢役・木村良平さん、
悪役・津田健次郎さん、ナレーション・江口拓也さんに
収録の感想や江口拓也さんの概念に対する印象などうかがいました。

収録後のご感想をお聞かせください。

一同　楽しかったです（笑）。

岡本　先生（江口さん）から何も言われないという（笑）。

木村　先生が楽しそうでした。

江口　楽しかったです。笑わないようにするのに必死で、やっぱり声がつくってすごいなって思いました。

一同　笑

木村　原作さんっぽい！（笑）

江口　あるあるですけど、やっぱりそう思うんだなって思いました。感動しましたね。

ご自身の描いた概念に声がつきましたがいかがでしたか？

江口　自分の生み出したものが立体的になる瞬間を見るというか、描いているときは具体的に声までイメージしていなかったので、声がつくことによってこんなにはっきりと個性が分かれるのだなと。僕のイラストは目や口や形がちょっと違うだけなので、声がつくと本当に変わって、すごいなとただただ感動しました。

今回の企画、江口さんの概念を演じるということを聞いたときどう思われましたか？

岡本・木村・津田　光栄でした。

江口　同じ！　このパターン続くやつ（笑）。

津田　何言ってるんだろう、なんだろうこのオファーと思いました（笑）。

岡本　僕たちは『ガルスマ』（※）で知っていましたけど。

木村　俺らに話が来た時は、あ～と思いましたが、他のキャストさんは？　って聞いたとき津田さんと聞いて、何言ってんだろうと思いました。なんてことしてんだって。俺らの遊びで留めとけみたいな。

岡本　あてに来たというか、本気度が違いますよね（笑）。

津田　ここに参加させていただいてありがたかったです。

（※「電撃Girl'sStyle」＆『プリンス・オブ・ストライド』をフィーチャーしたWebラジオ番組『木村良平・岡本信彦の電撃Girl'sSmile』。）

今回演じられた概念はどんな概念だと感じられましたか？

（岡本さん）愛はどんな概念だと思いましたか？

岡本　すごく考えさせられる内容ではありました。みなさんから「汚い、おまえの声は」とご指摘をうけましたが、やっぱり愛ってある意味「汚い」と思うんです。「愛されキャラだよね」って楽な言葉だなと思いますし、いじって、いじってとりあえず最後に、「愛されてるね」って言えばなんか成り立つ。それってはたしてどうなのかなって思い知らされるそんな現場でした。
江口　どんな現場（笑）。
木村　色眼鏡すごいな。お前の概念も見てみたい。
津田　岡本くんの概念もヤバそう（笑）。

（木村さん）夢はどんな概念だと思いましたか？

木村　夢も愛も悪もとんでもなく身近ですけど、改めて身近すぎて考えることがないものについて考えさせられて、すごくためになるなあと。自分がこうだって言い聞かせて、思い込ませることによってそれを保ちたい。それが自分を高めてくれることもあると思うんですけど、逆に彼の場合それで自分を狭めてしまっている部分もあったのかもしれないな。ただ、それを高めたことによって出会える新たな自分だったので、夢とか自分を信じるとか、そういうのってやっぱり大事なんだなと思いましたね。

（津田さん）悪はどんな概念だと思いましたか？

津田　恐らくいろんな文豪、映画監督、美術家が一生かけて取り組んできた「愛、夢、悪」という壮大なテーマをこの汚ったない絵でうまくまとめた、おもしろい企画だなと思いました（笑）。悪は「人を一人殺せば人殺しであるが、数千人殺せば英雄である」というそういう言葉もあるように、見方によって「悪」の概念は変わっていくものなので、そこを体現させていただく大変な作業でした。

ドラマでおもしろかったシーンはありましたか？

岡本　江口くんのナレーションで、盗んだバイクで走り出した瞬間に江口くんが普通に笑っちゃって。自分の作品で先生が笑うというのはとってもいい！　ということなので、その背中を見られたこともよかったなと思いました。
一同　笑
木村　うれしかったね！
岡本　本当に先生が楽しんでくれてる！　って。
木村　普段の収録でもガラスの向こうで、先生が笑っているのを見るとよかったと思いますよね。
津田　あるある。がんばった甲斐があったって思うよね。
江口　みなさんのアプローチが、ただただおもろくて笑わないようにするのが必死でした。全体的にすばらしいものにしていただいて、ありがとうございますという思いです。僕の少ないスパイスの中で、ここまで脚本を広げてくださったということがとにかく感謝です。本当にありがとうございました。
津田　一番なにが楽しかったか、おもしろかったかというと「空間」ですね。非常におかしみのある空間で収録自体も非常によかったのではないかと思いました。考えさせられて、楽しい作品でしたね。

木村　そこそこ長くこの仕事をやってきて、いろんな現場に携わってきたのですがテストも音量チェックすらしない、マイク前に立ってすぐ本番というめずらしい現場でした(笑)。原作の江口先生に収録前にどういう録り方をしたいかという話を監督も含めて話をしたときに、先生が「セッションをしたいです」とおっしゃって(笑)。
一同　笑
木村　その時は冗談で「いいですね～セッション(笑)」なんて言っていたのですが、いざ本番になってみると本当にセッションになってしまって。「お前! 愛そうくるか!!」「悪パイセンマジっすか!?」「ナレーション綺麗なやつだな」とか、受け取ってさあどうするみたいな、頭の回転フルスピーディーで役者の腕を試される現場にもなっていて、いち役者としても大変刺激的な現場でした。

今回演じていただいたのは江口さんの概念でしたが、みなさんが考える概念を教えてください。

岡本さんが考える愛とは?

岡本　僕の中では「愛」は正義として見ているんですけど、「愛」があればなんでも肯定されるような雰囲気があってずるい存在だなとも思います。「愛が故にそうしたのに」って言われたらなんにも言えないなと。それが「悪」だとしても「愛」って言われちゃうと「そうですか……」ってなってしまうなと思いました。

木村　それによって枯れちゃったとしても(笑)。
津田　それはそれで愛だもんね。
岡本　「愛があったから～」って言われちゃうと、あっそうなんだって。大義名分の一番代名詞のような感じがします。

津田さんが考える悪とは?

津田　「本能」の中にあるものですかね。潜在意識の中にあるものというか。もともと持っている邪悪なもののような気がしますね。悪と正義の差別化はとくになく、ケース・バイ・ケースだなと思います。

木村さんが考える夢とは?

木村　壁にかけて飾っておくものですかね。
一同　お～。
木村　「夢」って言い方をすると現実味がない気がしますね。遠いときしか夢って言わないし、手が届きそうなときに「夢」ってあんまり言わないですよね。
津田　にんべんに夢で「儚い」だからね。
木村　本当にそうです、人の夢は儚いんです。

どのようなときにこの本を読んだり、CDを聞いたりしてほしいですか?

江口　そうですね、暇なときに。
一同　笑
木村　10年くらいの付き合いなんですけど、先生がなに喋るか考えてないときは「そうですね」から始まります。
江口　そのアプローチやめてもらっていいですか?(笑) 尺稼ぎの言葉みたいに(笑)。
岡本　あと「本当に」(笑)。
木村　「本当にあの～」って言うとき。

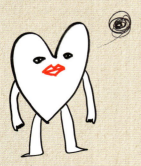

江口　でも、本当に暇なときに(笑)。なんか困ったときに読んでほしくないなって。なんとなく僕が思っていることを、それぞれのテーマで描いているので、じゃあ自分はどうなのかっていうことを考えてほしいなって。少しでも共感できるところがあったらうれしいですけど、多分そうでないことが圧倒的に多いと思うので。

これからCDを聞いてくださる方にメッセージをお願いします。

岡本　聞いた瞬間に心が洗われるような、そんなCDになっていると思います。江口くんの中身を覗きながら、一緒に楽しさを共有してもらえたらうれしいです。

津田　人生に迷ったとき、挫折したとき人生の指針に本棚のど真ん中に置いていただいて。本とともにCDを聞いて「生きていけるぞ」と、こんなくだらない人たちもいるんだという思いを抱いていただけたらうれしいです(笑)。

木村　やっちゃいけないことってあると思うんです。例えば、怖い話を読んでる時に、実際に声が聞こえてくるとか、人形の髪の毛が伸びるとか、怖い絵が動いてこっちに来そうに感じさせたり。なんかここにいる！　みたいな。それはダメだと思うんです。絵が不気味なうちはいいんですけど、声がついたらダメでしょ(笑)。ちょっと現実味がおびてしまうじゃん！(笑)　やっちゃいけないことやっちゃいましたね〜。覚悟してお聞きください。これからアイツらが喋ります。

江口　本当に声をあてていただいてありがとうございます(笑)。その模様を聞いているだけで本当に楽しかったので、楽しんでください。よろしくお願いします。

PROFILE

岡本信彦（おかもと のぶひこ）
10月24日生まれ。東京都出身。

ー主な代表作ー
「殺戮の天使」ザック 役
「僕のヒーローアカデミア」爆豪勝己 役
「ニル・アドミラリの天秤」鴻上滉 役

木村良平（きむら りょうへい）
7月30日生まれ。東京都出身。

ー主な代表作ー
「東のエデン」滝沢朗 役
「黒子のバスケ」黄瀬涼太 役
「テイルズ オブ ゼスティリア」スレイ 役

津田健次郎（つだ けんじろう）
6月11日生まれ。大阪府出身。

ー主な代表作ー
「遊☆戯☆王デュエルモンスターズ」海馬瀬人 役
「ゴールデンカムイ」尾形百之助 役
「ルパン三世 PART5」アルベール・ダンドレジー 役

Scenario
シナリオ

江口拓也さん監修の元に書き下ろされたストーリーは、
いたるところに概念たちの魅力がつまっています。
あなたの心に残ったシーンやセリフなどを読み返してみるのもおすすめです。

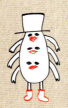 

TRACK1

『愛』

愛：岡本信彦
夢：木村良平
悪：津田健次郎
N（ナレーション）：江口拓也
サボ子：岡本信彦

N まずご紹介するのは『愛』。あなたは、愛するということについて考えてみたことはありますか？ これは、相手を愛するということについてのお話です。

悪 グゴ〜〜〜！

愛 悪パイセン　起きてください！ もう放課後っス！ 悪パイセン、パイセン！ 悪っパイっセンっ!!

悪 うっっせーな！ オメーの起こし方はいっつも、距離感がうっとおしいんだよ！

愛 さーせん！ でもこれが自分なんで！

悪 チッ……！ しかし今日も授業、クソだるかったな〜！

夢 よく言いますよ。1日ず〜っと惰眠を貪ってたじゃないですか。もしまたダブったら、年上なのに下級生になりますね。

悪 あ？ なんだコラ！ オメーも道連れにしてやろうか？

夢 はぁ〜！ 人生をただムダに消費できる、その図太い神経がうらやましいです。

愛 お前だって、机の下でずっとスカしたファッション雑誌読んでたじゃん！

夢 いやいや、ボクはこの後、読モの仕事があるので、参考のために読んでただけですけど、何か？

悪 だいたいモデルってツラかよテメーは！ どうせちゃんとした仕事じゃなくて、ストリートスナップ撮られるために、わざと繁華街ウロウロしてるだけだろ？

愛 しかも、服着替えて、何往復も！

夢 ち、違いますよ！ あなたたちの狭い世界と同列にしないでください。

悪 あ〜こいつとしゃべってたら、超イラついてきたわ！ おい！ 空き地行くぞ！ タバコ付き合え！

夢 いや、ですから、ボクはこれから大事な読モの仕事が……。

悪 行かせねーよ！ このモデルもどきが！ 今日でやめちまえ！ うさんくさい事務所に電話してやる！

夢 ちょ、ちょっと！ やめてくださいよ！

N ……と、なんやかんやで概念たちは、空き地へやってきました。

愛 悪パイセン！ 火っス！

悪 おっサンキュー。スゥ〜〜！ フゥ〜！

N すると空き地の隅っこで黒いビニール袋に包まれている物体が目に入りました。

愛 アレ、ず〜っと前から置きっぱスけど、何が入ってんスかね？

夢 どうせ、ただのゴミでしょう。そんなのどうでもよくないですか？

悪 おい、愛！ 中身見てこいや！

愛 え!? ムリっス！ 怖いっスよ！

悪　ごちゃごちゃ言ってねーで早く見てこい！　じゃねーともっと怖ェー目に合わすぞ！

愛　ヒイ〜！　わかったっスよ！

N　黒いビニールから出てきたのは、サボテンの鉢植えでした。

愛　わぁ〜、カワイイっスね！

夢　なんだ、ただのサボテンじゃないですか。

悪　クソつまんねーな。

愛　なんか、ずっと捨てられてるの……かわいそうっスね。葉も弱ってるし。

悪　どうせ無責任なヤツが捨てたんだよ。「なんとなくインテリアでグリーン取り入れてみたけどぉ〜、めんどくさいから捨てちゃえ〜」つって。

愛　悪パイセン！　自分、このサボテン持って帰って育てるっス！　自分ほっとけないんで！

悪　ああ!?　ダメに決まってんだろ！　オレは、そういう、中途半端な善が1番嫌いなんだよ！

愛　お願いします！　自分がちゃんと大事にするっスから！

夢　ちょっと2人とも、サボテンなんかで何マジになってるんですか？　しょうもない……。

悪　オラ！　こっちよこせ！

愛　ちょ、返してくださいっス！

悪　うるせー！　手ぇ離せやコラ！

愛　痛ええ〜〜!!　トゲ痛え〜!!

夢　はぁ……サボテンを取り合ってケンカ……。あきれてものも言えない。

N　トゲに刺さってもなおサボテンを死守した愛。さすがの悪も根負けしたのでした。

愛　ただいま〜！　あ〜あ、またオレのおせっかいが発動しちゃったよ……！　つーことでサボテンちゅわん❤　これからはオレが面倒みるからね！　よろしくネ！

愛　水うまい？　う〜ん？　キミカワウィーねぇ〜！　そうだ名前！　う〜ん……サボ子！　今日からお前はサボ子だ！

N　その日からというもの、サボ子を溺愛する愛。毎日水をたっぷりとあげ続けました。

愛　ねえサボ子❤　サボ子は将来の夢ってあるの？

サボ子　えーとねぇ、歌もお芝居もやりたいかな❤

愛　うんうんうんうん❤　きっとサボ子なら国民的アイドルになるよ！

サボ子　握手会来てネ！

愛　CDも超買いまくるし、ループしちゃうよ〜❤

サボ子　あ！　でも握手したら、トゲが刺さっちゃうネ！

愛　アハハハ！　そりゃそ・う・だ！　よ〜し！　じゃあ今日も早速エグプラグラムに写真あげようかな！　サボ子さーん！　目線くださーい！　いいよ〜そう、その目サイコー!!

愛　ハッシュタグは……「あげる水は水素水で決まり」、「キミのトゲが教えてくれた愛のぬくもり」、「硬派な女はカワイイぜ」、「開花をじらす罪な女」と……。

愛　げっ！　ソッコー悪パイセンからコメント来た！

悪　（なんか日に日に、サボ子が弱っていってるように見えんぞ）

愛　え？　ウソ!?　でも言われてみれば……。

N　その日から愛は、サボ子になんとか元気になってもらおうと、さらにたっぷりの水をあげ続け、肥料をあたえました。

愛 サポ子！ オレの大好物「概念チップス超濃厚ピザ味」だよ！ 土の上に撒くからね！ きっとこれで元気100倍だぜ！

N しかし数日後……。帰宅した愛が見たのは、目を疑うような光景でした。

愛 ただいま〜！ な……なんじゃこりゃ〜〜!!

N そこには、茶色く変色し無残にも枯れてしまったサポ子の姿が……愛はかけより、サポ子を強く抱きしめました。

愛 痛え〜〜〜！ サポ子〜〜〜！ うっうっう……！

N 水のやりすぎで枯れてしまったサポ子。愛には相手の求める量がある。相手のことを考えてあげるのが、愛……なのだと思います。

　　　　　　　　　　おわり

TRACK2
『悪』

愛：岡本信彦
夢：木村良平
悪：津田健次郎
N（ナレーション）：江口拓也
バイカー：江口拓也

N あなたが見ている悪は本当に悪ですか？ この話の主役は、たまたま悪として生まれた結果、周りに蔑まれ、グレてしまった『悪』。この日も舎弟の愛をパシリに使おうとしているようです……。

悪 おい！ 見ろよあのでけー入道雲！

愛 デカっ！ つうかデカっ！ マジパないっスね！

夢 いやいや、テンション上がってる場合じゃないでしょう。入道雲が出ると大雨が降るって知らないんですか？

悪 あ〜……腹減ったなあ……。おなすいだわ〜。

夢 全然聞いてないですね……、まあいいですけど。

悪 オメーらよォ……あの入道雲、よーく見るとなんかに見えてこねえか？

愛 え？ なんスかなんスか？

悪 オメーはオレの舎弟のクセにマジ、勘がニブいな！ オレの大好物の綿あめに見えるだろうが！

愛 さーせん！ でも、さすが悪パイセン！ 入道雲を綿あめに見たてるとは、マジ、ポエマーっスね！ エモすぎっス！

夢 ありふれた例えではありますけど、破滅的な悪さんが言うとギャップ効果がありますね。

悪 オメーら、ディスってんだろ？

愛 全然、ディスってないっスよ！ ポエマーな一面にリスペクトしまくりっス！ よっ！ このメルヘンチンピラ！

悪 完全ディスってんじゃねーか！ ちょずいてんじゃねーぞコラ！

愛 ぐあっ……！

夢 あーあ、またやってるよ……。

悪 つーことでよ愛！ さっさと綿あめ、ダッシュで買ってこい！ はい、3・2・1！ 走れ〜！

愛 は、はい〜！

悪 まったく、マジ使えねーなアイツは！

夢 ところで悪さんは、なんで綿あめが好きなんですか？

悪 あ？ オメーよォ、ネットで『アライグマに綿あめ、あげてみた』って動画見たことあるか？

夢 いや〜、ボクそういう、みんなが見てる動画とかテレビとかほとんど見ないんですよね〜。

悪 いちいちイラつく返ししてくるなオメーは！

夢 あ、どうぞ気にせず続けてください。

悪 チッ……！ 当然、アライグマだから綿あめを水で洗おうとすんだよ。

夢 すぐに溶けて無くなりますね。

悪 そう。一瞬で溶けて、アライグマ、マジ絶望。必死で探す様子を人間は「カワイイ〜！」とか「表情が切ない！」とか言って爆笑すんだぜ。鬼だよな。

夢 へ〜、そうなんですね。

悪 だからオレは、綿あめを見ると、「悪とは何か?」って考えさせられて好きなんだよ!

夢 ちょっと言ってる意味がよくわかんないですけど、そんな動画があるんですね〜。今度もし暇な時思い出したら見てみます。まあ、思い出さないと思いますけど。

悪 オメー! そうやって人をバカにした態度ばっかとってっから「嫌いな概念1位」に選ばれるんだよ!

夢 あなただって、2位じゃないですか。

悪 うるせぇ! しっかし、おっせーな愛の野郎!

N 一方その頃、愛はというと……全身が埋もれるほどの大量の綿あめを抱え、鬼の形相で走っていました……。

愛 ハァハァハァハァ……ヤベ〜! ついサービス精神で、大量に買いすぎちゃったよ! 綿あめで全っ然前が見えね〜〜!

N その時、悲劇は起こりました。

愛 ぎゃ〜〜!! グハッ。オレもここまでか……。

N 愛に車に轢き逃げされてしまったようです……。

夢 もしかして今の悲鳴……。

悪 行くぞ!

夢&悪 ハァハァハァハァ……。

夢 あそこ!

悪 あ、愛っ! 血まみれじゃねーか! 大丈夫か!?

愛 さーせん……! わ、綿あめ……たくさん買ったんスけど、グチャグチャになっちゃったっス……!

悪 バカ野郎ー! んなことはどうだっていいんだよ!

夢 そうだ! 救急車! ボク電話します!

夢 もしもし! すみません! クラスメートが車に轢かれて重症なんです! え!? 今日は救急車は出せない? どうしてですか!? はい、そんなのおかしいじゃないですか! 今にも死んでしまいそうなんですよ!? はい? それ本気で言ってるんですか!? じゃあもういいです!

悪 なんだ? どうした!?

夢 国の法律で「今日は救急車は使えない日」と決まっているそうです!

悪 は!? なんだよそのメチャクチャな法律は! 理不尽すぎるだろ!

夢 理不尽極まりないないですよ! 「とにかく、そう法律で決まってるから。守れないならこの国から出てってください」の一点張りで……。

悪 ふざけんなよ! 国民の命がかかってんだぞ! まったく、なんて日だ! そんなバカな法律守れっかよ!

愛 ううっ……! 痛ええ……痛ええよ痛ええよ……痛ええよぉ〜!

夢 悪さん! どうしましょう!?

悪 このまま放っておけねーだろ! ちくしょう! どうすれば……? そうだ! ヒッチハイク!

夢 このあたり、田舎すぎて全然、車通らないですよ!

悪 愛を担いで走るのも、時間かかるしな……!

N すると、ちょうどその時、奇跡的に1台のバイクが走ってきました。

悪 すんませーーん! 止まってください!

バイカー な、なんだね!? 急に前に出てきて! 危ないじゃないか!

悪 オレのダチが、見ての通り重症なんスわ! コイツを病院まで乗せてやってくんないスかね?

バイカー ……すまんが、面倒なことはご免こうむるよ。もし途中で死なれでもしたら私の責任になってしまうのでね。

悪 そんな！ この辺、車は全然通らないし、今頼れるのアンタしかないんスよ！

バイカー 救急車を呼べよ。あ、そうか、今日は救急車を出さない日だったな。

悪 そのクソみたいな法律のせいで、ダチが死にそうなんスよ！ だからお願いします！ 助けてやってください！

バイカー クソみたいというが、法律は法律だろ？ 我々はそれを守る義務がある。そもそも、こんな日にケガなんてした、彼の自己責任じゃないかね？

愛 ううっ……。

夢 悪さん！ 血が止まらないです！ いよいよ危ないですよ！

悪 しかたねえ……！ ワリーけどおっさん、オレは法律を守るより、愛の命を守りてえんだ！ わかってくれや！ オリャー！

バイカー うっ……！ ぐはっ……！

悪 よし！ 夢！ 愛を抱えてケツに乗れ！

バイカー ドロボ〜！

悪 やべーよ、オレ、ドロボーになっちまったよ……！

夢 ボクは何も見てませんよ！ 悪さんがドロボー扱いされるようなことは決して見てません！

悪 ……おう！ ありがとな……！

夢 いえ……！

悪 じゃあ、急ぐぞ！

夢 はい！

バイカー ドロボ〜〜！ ま、まだローンが5年もあるというのに……。

N 悪は盗んだバイクで走り出しました。行く先の病院の場所もわからないまま……。

夢 悪さん、病院、反対方向です。

悪 おいっ！ それ早く言えや！

夢 やっぱり、あの入道雲のせいで大雨が降りそうですね……。

悪 おい夢！ フルでトバすからよォ！ しっかり愛を抱いてつかまってろよ！

N この時、夢は悪に対してこう思ったといいます。

夢 （心の声）最初は利用してたんです。悪さんを……。学校イチのワルと一緒にいれば、他のヤツからイジメられずにすむし……。でも、たまに思うんですよね。この人って、周りがいうほど、悪なのかなって……。

N 悪のとっさの行動により、病院で緊急手術を受けることができた愛。奇跡的に一命を取り止めました。しかし……世間の声は、逮捕された悪に対し、とてもとてもキビしいものでした……。「たとえ人助けでも、法律を犯したことに変わりはない」「ドロボーはドロボー！」「悪は何をやっても悪」「悪を絶対許すな」。

愛 なんだよ！ どの記事もヒデーことばっかり書きやがって！ 自分にとっては、悪パイセンは命の恩人なのに……。

N 多数決で決められた理不尽な法律よりも、命を守ることを優先した悪……。再び、あなたに問います。あなたが見ている悪は本当に悪ですか？ 流されず、自分の目で見たものを信じましょう。決めるのは、あなたの心です。

おわり

TRACK3
『夢』

愛：岡本信彦
夢：木村良平
悪：津田健次郎
N（ナレーション）：江口拓也

N　夢は叶わないものです。夢を見ているうちは叶わないんだと思います。今回の主役は『夢』。映画が大好きで、いつか俳優になる日を夢見ています。

夢　よし！　今日もイケメンでごめんなさいっと……。どうですか？　今日のボクのエグプラグラム。いつも以上に盛れてると思いません？

悪　きもちワリーな～！　このナルシスト野郎！

愛　自作自演の写真ばっかりあげてるから、コメント欄炎上っスね。

夢　わかってないですね。炎上するってことはそれだけ需要があって注目されてるってことですから！

悪　ねえだろオメーに需要なんか！　中～途ハンパな男前がよォ！

愛　コメント見ると「自分好きすぎてイタイ！」とか、「炎上商法？　どこ目指してるの？」とか書かれてるっス。

悪　ホント、いったいどうなりてーんだよ、オメーは！

夢　もはや、読モは極めてきてるんで、ぶっちゃけ次のステージ目指してますね。映画俳優とか。

愛　ちゃんとしたモデルにもなれてねー読モが何言ってんだよ！

夢　いや、なんか自信はあるんですよね～。ボクはメディアに出る側っていうか。この前も、映画のエキストラで爪痕残しましたし。あ！　当然セリフありますよ。

愛　どんな役？

夢　突如、街を襲う巨大怪獣から逃げ惑う群衆Fです。迫真の演技でセリフを言いましたよ。「ア……アレは……！？」って。

愛　え？　そのひとことだけ……？

悪　それでよく爪痕残したとか言えんな……。逆に恥ずかしいわ。

愛　自己肯定がハンパないスね。

夢　はぁ～……、みなさんはいいですねぇ、毎日暇を持て余して……ボクなんか、今週末に、映画のオーディションがあるんで寝る暇もないですよ。自分でシナリオも書いてますし。ほら！

悪　ちょっとそのシナリオ見せてみろよ！

愛　たしかに、見てみたいっスね！

夢　別にいいですけど、とても高尚な内容なので、あなたがたには理解できないかもしれま……。

悪　いいから見せろコラ！

夢　ああ！　ちょっと！

悪　なになに……『恋愛ドラマ・恋する概念惑星（プラネット）～夢郎と愛子よ、永遠に……～』だってよ！

愛　え？　どんな話？

夢　絶対パクらないでくださいよ～？　ええと……登場するのはイケメン読者モデル・夢郎。そして、その憧れの女性であり、供給過多な性格の愛子。夢郎は何度もフラれてはアタック

をしています。ですが、じつは愛子には過去に彼氏を轢き逃げされたトラウマがあるんです。

愛 これ、絶対自分たちのことモデルにしてるっスよ！

夢 それで、夢郎はそのトラウマを無くしてあげるために、道路に飛び出して命懸けで告白するんです！

悪 ふ〜ん、じゃあよ、暇つぶしがてら、今オレが監督の役やってやるよ！　2人で演じてみろや！

愛 え!?　イヤッスよ！　なんで自分がそんなことしなきゃなんないんスか！　しかも女の役じゃないっスか！

夢 ボクも、自分を安売りはしたくないのでお断りします。

悪 あぁー!?

夢 うっ……。

愛 すぐ殴ろうとするんだから……。

悪 ゴチャゴチャ言ってねーで、さっさとやれ！　今ここでオメーらの人生にエンドロール流してやってもいいんだぞ？

夢 わ……わかりましたよ……。

悪 そんじゃ、愛子が過去を告白するところから。スタート！

愛子 ウチな、前に居候の彼氏がおって、彼がパチンコから帰るのを待っててん。だけどある日、彼は帰らへんかった。大勝ちしたあと、轢き逃げにあって……。

夢郎 な……なんて……？

愛子 せやから……、またヒモ男を好きになって、めっちゃ養って、そんで、また轢き逃げされるの怖いねん！　ねぇ怖いねん、ホラーやねん!!

悪 と、そこで突然、道路を走るママチャリの前に飛び出す夢郎。「チリンチリン！　キキィ〜〜アカ〜ン！　何してんねん自分！　死にたいんか！」

夢郎 ボクは死にましぇん！　ボクは死にましぇん！

悪 「な、何を言うてんの、このコは！」

夢郎 愛子が好きだから、ボクは死にましぇん！　ボクが！　養ってあげますからぁ〜!!

悪 「なんや！　何、この状況で告白してんねんな！」一方、涙を流し、夢郎に駆け寄る愛子……。

愛子 夢郎、ウチを……、養ってください……！

夢郎 愛子……一生、一緒にいてくれや……！

悪 「めでたいな……！　幸せになりや〜」見つめ合う2人。ゆっくりと唇が近づいていく……。

悪 ハイ、カ〜ット！

愛&夢 オエエエ〜〜〜！

愛 ホントにキスしてくんなよ！

夢 ボクとしたことが……つい、役に入りすぎてしまった……。

悪 オメーら！　マジでやりすぎだ……。

夢 でも、さすがボク。完ペキな演技でしたね。これだけの演技力があればオーディションなんて余裕ですよ。

N 数日後、自信満々でオーディションを受けに行った夢でしたが……。

愛 おーい、昨日のオーディションどうだった!?

夢 ああ……受けてきましたけど……何か？

愛 「何か？」じゃねーよ！　手応えを聞いてんだよ！

夢 ええと……。

N 言葉を詰まらせる夢。いつもの夢らしくない表情をうかべていました。

夢 ハッキリ言われちゃいましたよ……。「キミには演技の才能がない」って……。

愛&悪 えっ……？

夢 監督から、「即興演技をやってください」って言われて、一生懸命、その場で話を作って演じてたんですが途中で「もう結構です。お帰りください」って。

愛 なんだよ、らしくないな！「あの監督に見る目がない」ぐらい言えよ！

悪 マジそれな！ あーあ、ダッセー！ ダッセー！

夢 どうぞ笑ってください……。

悪 あんだけ自信たっぷりでこれかよ。超シラケんな。

夢 ……ですよね……。

悪 ちょ、張り合いがなさすぎだろ……、しっかりしろや……。

愛 でも、まだ結果通知が来るまではわかんないんでしょ？

夢 結果は、後日送られて来るらしいですけど、多分……というか確実に落ちましたね……。

愛 まあ、まだ落ちたと決まったわけじゃないし、気長に待ってみなよ。

N そして、夢のもとへ結果通知が送られてきました。そこには「残念ながら、今回は出演を見送らせていただきます」の文字が。

夢 まあ、覚悟はしてたけど、改めて夢破れた現実を突きつけられるとキツいなぁ……。ん！？「出演を見送らせていただきます……が、即興演技でのお話の組み立て方にはとても光るものを感じました。よろしければ、脚本のアシスタントとして、協力していただけませんか？」な、なんだって〜！？

N その時です。なんと夢の体が……。

夢 痛！ 痛たたた！ 体が……破ける〜〜！

N 体が真っ二つに割れ、中から新しい体が現れたのです。

夢 な、なんだ！？ なんだこの清々しい気分……！ そうか！ ボクは、初めて現実と向き合って気づいたんだ……。ずっと恐れていたこと。自分にはやっぱり演技の才能がないんだってこと……。そして……脚本でがんばる道もあるってこと！

N そう。夢破れた先には、きっと新たな何かがあるはずです。その何かと対面できるのは、立ち向かった者のみ。夢なんか存在しません。あるのはいつだって、現実です。

夢 今日からお世話になります脚本家見習いです！よろしくお願いします！

おわり

what's DREAM?

2018年5月22日　初版発行
2020年6月25日　再版発行

編集	電撃Girl'sStyle編集部	デザイン	宮原 静(株式会社マサムネ)
発行者	豊島秀介	脚本	佐藤慎司(株式会社PTA)
編集人	林 克彦	撮影	kentaro ohama
発行	株式会社KADOKAWA Game Linkage 〒112-8530　東京都文京区関口1-20-10 住友不動産江戸川橋駅前ビル 電話:0570-000-664(ナビダイヤル) https://kadokawagamelinkage.jp/	衣装 ヘアメイク フィギュア制作 SPECIAL THANKS	COMASA 竹澤真紀(有限会社エミュー) 株式会社 メディコス・エンタテインメント 株式会社81 PRODUCE
発売	株式会社KADOKAWA 〒102-8177　東京都千代田区富士見2-13-3 https://www.kadokawa.co.jp/		有限会社プロ・フィット 劇団ひまわり アミュレート
印刷・製本	図書印刷株式会社		株式会社マジックカプセル
題字・イラスト・監修	江口拓也		
取材・ライター	大岸美帆		

©2017 81PRODUCE／Takuya Eguchi
ISBN 978-4-04-893811-2 C0076

＜取り扱い上のご注意＞●ディスクは両面とも、指紋、汚れ、キズなどが付かないように取り扱ってください。
●ディスクが汚れたときは、メガネふきのような柔らかい布で内側から外側に向かって放射線状に軽くふき取ってください。レコード用クリーナーや溶剤などは使用しないでください。
●ディスクは両面とも、鉛筆、ボールペン、油性ペンなどで文字や絵を書いたり、シールなどを貼付しないでください。
●ひび割れや変形、又は接着剤などで補修したディスクは、危険ですから絶対に使用しないでください。
＜保管上のご注意＞●直射日光の当たる場所や、高温・多湿の場所には保管しないでください。●ディスクは使用後、元のケースに入れて保管してください。

本書の無断複製(コピー、スキャン、デジタル化等)並びに無断複製物の譲渡および配信は、著作権法上での例外を除き禁じられています。
また、本書を代行業者等の第三者に依頼して複製する行為は、たとえ個人や家庭内での利用であっても一切認められておりません。
本書の付属CD-ROM(CD、DVD、DVD-ROM)は、図書館等における閲覧、貸出、複写等の利用をお断りしております。

お問い合わせ
[フォーム] https://kadokawagamelinkage.jp/(「お問い合わせ」へお進みください)
※内容によっては、お答えできない場合があります。
※サポートは日本国内のみとさせていただきます。
※Japanese text only

電撃Girl'sStyle 公式サイト　https://dengekionline.com/g-style/

Printed in Japan　定価はカバーに表示してあります。
©KADOKAWA CORPRATION 2018